Bibliografische Information der Deutschen Nationalbibliothek:

Die Deutsche Bibliothek verzeichnet diese Publikation in der Deutschen National-bibliografie; detaillierte bibliografische Daten sind im Internet über http://dnb.d-nb.de/ abrufbar.

Impressum:

Copyright © 2018 GRIN Verlag
Druck und Bindung: Books on Demand GmbH, Norderstedt Germany
ISBN: 9783668889187

Dieses Buch bei GRIN:

https://www.grin.com/document/456827

Sebastian Huhn

Wie können Beweglichkeit und Dehnungsfähigkeit effektiv trainiert werden?

Exemplarische Erstellung und Durchführung eines Trainingsplanes

GRIN Verlag

GRIN - Your knowledge has value

Der GRIN Verlag publiziert seit 1998 wissenschaftliche Arbeiten von Studenten, Hochschullehrern und anderen Akademikern als eBook und gedrucktes Buch. Die Verlagswebsite www.grin.com ist die ideale Plattform zur Veröffentlichung von Hausarbeiten, Abschlussarbeiten, wissenschaftlichen Aufsätzen, Dissertationen und Fachbüchern.

Besuchen Sie uns im Internet:

http://www.grin.com/

http://www.facebook.com/grincom

http://www.twitter.com/grin_com

Deutsche Hochschule für

Prävention und Gesundheitsmanagement

Einsendeaufgabe

Studiengang: Sportökonomie

Name, Vorname: Huhn, Sebastian

Inhaltsverzeichnis

1 Personendaten

Tab. 1: Allgemeine Daten und Gesundheitszustand der Testperson (eigene Darstellung)

Allgemeine Daten	
Alter	30 Jahre
Geschlecht	männlich
Körpergröße	180 cm
Körpergewicht	73 kg
Trainingsmotive	• Erhalt und Verbesserung der Beweglichkeit • Verbesserung der Entspannungsfähigkeit der Muskulatur • Optimierung der Körperhaltung und Ökonomisierung der Bewegungsabläufe aufgrund einer überwiegend sitzenden Alltagsbelastung • Verbesserung der Körperwahrnehmung
Berufliche Tätigkeit	Versicherungskaufmann im Innendienst
Aktuelle und frühere sportliche Aktivitäten	Aktuelle sportliche Aktivitäten: Freizeitsportler 1 mal pro Woche Tennistraining (60 Min.) 2 mal pro Woche Krafttraining (je 45 Min.) 2 mal pro Woche Ausdauertraining (1 mal Radfahren 60 Min. und 1 mal Jogging 45 Min.) Frühere sportliche Aktivitäten: Freizeitsportler 2 mal pro Woche Tennistraining (je 90 Min.) 3 mal pro Woche Krafttraining (je 60 Minuten) 2 mal pro Woche Ausdauertraining (1 mal Radfahren 60 Min. und 1 mal Jogging 45 Min.)
Zeitlicher Verfügungsrahmen	4 Trainingseinheiten pro Woche (je 45 Min.)
Allgemeiner Gesundheitszustand	
Orthopädische Probleme	keine
Internistische Probleme	keine
Ärztliche Behandlungen	keine
Einnahme von Medikamenten	keine
Sonstige gesundheitliche Einschränkungen	keine

Anhand der zugrunde liegenden Daten wird ersichtlich, dass die Testperson einen guten Gesundheitszustand aufweist. Hinsichtlich der Trainingsplanung sind keinerlei Einschränkungen vorzunehmen. Die aktuellen sportlichen Aktivitäten deuten auf eine gute körperliche Fitness des Klienten hin. Schlussfolgernd ist der Proband voll belastbar.

3

2   Beweglichkeitstestung

Tab. 2: Manuelle Beweglichkeitstestung (modifiziert nach Janda, 2000, S. 255-270)

Muskel	Testausführung	Hinweise
M. pectoralis major	Der Klient positioniert sich in Rückenlage auf einer erhöhten Liegefläche. Die Beine sind angewinkelt um das Becken zu fixieren. Die Fußsohlen sind auf der Behandlungsliege abgestützt. Durch leichten Zug des Testers mit der Hand in diagonaler Richtung weg vom zu testenden Arm wird der Brustkorb fixiert. Im Schultergelenk ist der zu testende Arm abduziert und außenrotiert im Ellenbogengelenk in einem Beugewinkel von 90°. Als Messbereich gilt die Position des Oberarmes zur Horizontalen.	Das Becken und die Lendenwirbelsäule müssen fixiert bleiben, da ein Abheben des Beckens oder eine Hyperlordose in der LWS das Testergebnis manipulieren. Durch das Aufstellen der angewinkelten Beine wird das Becken fixiert, zur Stabilisierung der LWS sollte die Bauchmuskulatur angespannt werden.
M. iliopsoas	Die Testperson positioniert sich in Rückenlage auf einer erhöhten Liegefläche. Das Gesäß ist an der Vorderkante der Liegefläche platziert und die Beine herunter. Der Proband greift ein Bein und zieht dieses soweit wie möglich zum Körper heran. Das andere Bein ist im Überhang. Die Position des Oberschenkels im Verhältnis zur Körperlängsachse gilt als Messbereich.	Das Becken und die Lendenwirbelsäule müssen fixiert bleiben, damit das Testergebnis nicht manipuliert wird. Dies wird durch einen Zug am angewinkelten Bein bis zur maximalen Hüftflexion erreicht.
M. rectus femoris	Der Proband positioniert sich in Rückenlage auf einer erhöhten Liegefläche, das Gesäß schließt mit der Unterkante der Liege ab. Die Beine sind im Überhang. Ein Bein wird angewinkelt und maximal zum Körper herangezogen. Das Gegenbein wird nun vom Tester in maximaler Hüftstreckung fixiert während er gleichzeitig das Knie im maximal möglichen Ausmaß beugt. Als Messbereich gilt der Kniebeugewinkel.	Das Becken und die Lendenwirbelsäule müssen fixiert bleiben, damit das Testergebnis nicht manipuliert wird. Dies wird durch einen Zug am angewinkelten Bein bis zur maximalen Hüftflexion erreicht. Die Beugung im Kniegelenk darf nicht durch die Liegefläche beeinträchtigt werden.
Mm. ischiocrurales	Die Testperson positioniert sich in Rückenlage auf einer erhöhten Liegefläche. Das nicht getestete Bein ist im Hüft- und Kniegelenk angewinkelt, die Fußsohle ist gänzlich auf der Liege aufgesetzt. Das andere Bein wird getestet, indem der Tester das Fußgelenk ergreift und es bei gestrecktem Kniegelenk in die maximale Hüftflexion bringt. Als Messbereich gilt der Hüftbeugewinkel.	Das Becken und die Lendenwirbelsäule müssen fixiert bleiben, damit das Testergebnis nicht manipuliert wird. Das zu testende Bein muss gestreckt bleiben und das Gegenbein darf die Ausgangsposition nicht verlassen.
Mm. triceps surae	Der Klient positioniert sich in Rückenlage auf einer erhöhten Liegefläche. Das das nicht zu testende Bein ist gebeugt und der Fuß im festen Kontakt mit der Liege. Das Testbein ist gestreckt, der Unterschenkel ragt über das Ende der Liege hinaus. Mit einer Hand greift der Tester nun den unteren Teil des Fersenbeins, die andere Hand greift die Außenkante des Fußes. Währenddessen wird die Ferse distalwärts gezogen. Nun übt der Daumen der anderen Hand stetigen Druck in Richtung Schienbein am äußeren Rand des Fußes aus. Als Messbereich gilt der Dorsalextensionswinkel.	Der Druck mit dem Daumen sollte nur am äußeren Fußrandes ausgeübt werden, um eine reflektorische Anspannung der Mm. triceps surae zu vermeiden. Dies würde das Testergebnis manipulieren. Nicht nur die Fußsohle zum Schienbein drücken, von Bedeutung ist der zusätzliche Zug an der Ferse.

4

Tab. 3: Normwerte zur Beurteilung der Beweglichkeit und Testergebnisse der Testperson (modifiziert nach Janda, 2000, S. 266-271)

Stufe	Muskel	Testergebnis	
		Links	Rechts
	M. pectoralis major		
0	Keine Beweglichkeitsdefizite. Der Oberarm erreicht die Horizontale. Durch leichten Druck des Tester kann der Oberarm unter die Horizontale bewegt werden.	0	0
1	Leichte Bewegungsdefizite. Der Oberarm erreicht die Horizontale nicht. Durch leichten Druck des Testers kann der Oberarm bis zur Horizontalen bewegt werden.		
2	Deutliche Beweglichkeitsdefizite. Der Oberarm erreicht die Horizontale auch nicht unter Druckausübung.		
	M. iliopsoas		
0	Keine Beweglichkeitsdefizite. Der Oberschenkel erreicht die Horizontale. Durch leichten Druck des Testers kann der Oberschenkel unter die Horizontale bewegt werden.	0	0
1	Leichte Beweglichkeitsdefizite. Leichte Hüftbeugestellung. Durch leichten Druck des Testers kann der Oberschenkel bis zur Horizontale bewegt werden.		
2	Deutliche Beweglichkeitsdefizite. Der Oberschenkel erreicht die Horizontale auch nicht unter Druckausübung des Testers.		
	M. rectus femoris		
0	Keine Beweglichkeitsdefizite. Der Unterschenkel hängt senkrecht herunter. Durch leichte Druckausübung des Testers vergrößert sich die Kniebeugung.	0	0
1	Leichte Beweglichkeitsdefizite. Der Unterschenkel ist leicht nach vorne gestreckt. Ein Kniebeugewinkel von 90° wird durch leichte Druckausübung des Testers erreicht.		
2	Deutliche Beweglichkeitsdefizite. Der Unterschenkel ist deutlich nach vorne gestreckt. Selbst unter Druckausübung des Testers wird der 90° Kniebeugewinkel nicht erreicht.		
	M. ischiocrurales		
0	Keine Beweglichkeitsdefizite. Die Flexion im Hüftgelenk von 90° möglich.		
1	Leichte Beweglichkeitsdefizite. Die Flexion im Hüftgelenk ist zwischen 80-90° möglich.	1	1
2	Deutliche Beweglichkeitsdefizite. Die Flexion im Hüftgelenk nur unter 80° möglich.		
	Mm. triceps surae		
0	Keine Beweglichkeitsdefizite; Dorsalextension ist mindestens bis zur 0°-Stellung möglich (90° zwischen Fuß und Unterschenkel).	0	0
1	Leichte Beweglichkeitsdefizite. Eine 0°-Stellung wird nicht erreicht. Eine Dorsalextension ist jedoch möglich.		
2	Deutliche Beweglichkeitsdefizite. Eine Dorsalextension ist nur bis 10° unterhalb der 0°-Stellung möglich.		

Anhand der Testergebnisse der manuellen Beweglichkeitstestung wird dem Probanden eine gute Verfassung seiner Beweglichkeit erteilt. Lediglich bei der Testung der Kniebeugemuskulatur wurde beidseitig ein leichtes Beweglichkeitsdefizit festgestellt, das vermutlich durch die dauerhaft sitzende Alltagsbelastung entstanden ist. Der Schwerpunkt wird auf ein allgemeines Dehnprogramm gelegt, indem Dehnübungen für alle wichtigen Muskel-Gelenk-Systeme des Körpers enthalten sein werden. Darüber hinaus wird der Fokus auf die Wiederherstellung der vollen Beweglichkeit der Kniebeugemuskulatur gelegt.

3 Trainingsplanung Beweglichkeitstraining

In Anlehnung an die Zielsetzung und Ergebnisse der Beweglichkeitstestung des Probanden erfolgt eine Trainingsplanung für das Dehnprogramm.

3.1 Belastungsgefüge Dehnprogramm

Tab. 4: Belastungsgefüge Dehnprogramm (eigene Darstellung)

Trainingshäufigkeit pro Woche		2-3
Sätze pro Übung		3-4
Dehndauer	statischer Dehnung	ca. 30 Sekunden
	dynamischer Dehnung	Bis zu 15 Wiederholungen
Dehnintensität		Maximales Dehnen

Der Proband ist als Trainingseinsteiger beim Dehntraining anzusehen und startet in Anlehnung an seinen zeitlichen Verfügungsrahmen mit einem Minimalprogramm bestehend aus zwei bis drei Trainingseinheiten pro Woche. Laut Rancour, Holmes und Cipriani (2009) führt diese Minimaldosis bei Trainingseinsteiger bereits zu Verbesserungen der Beweglichkeit und sichert bei trainierten Sportlern den Erhalt der Beweglichkeit. Bei unserem Probanden handelt es sich um einen trainiertem Freizeitsportler der lediglich Defizite bei der Kniebeugemuskulatur aufweist. Die zusätzlich zur Verfügung stehende Zeit soll für ein Koordinationstraining aufgewendet werden. Die Testperson übt jeweils zweimal wöchentlich ein Kraft- und Ausdauertraining sowie ein 60 minütiges Tennistraining aus. Unmittelbar vor dem Tennistraining sollte kein intensives Dehnungstraining mit statischen Übungen absolviert werden, da sich hierdurch eine kurzfristige Abnahme der Schnellkraftleistungen entwickelt (Wiemeyer, 2007). Negative Effekte zeigen sich auch bei der Reduzierung der Maximalkraft (Kokkonen, Nelson & Cornwell, 1998), sodass der Proband auch vor der Ausübung des Kraftsports kein Dehntraining betreiben sollte. Ein intensives Beweglichkeitstraining soll demnach als eigenständige Trainingseinheit erfolgen. Pro Übung werden bis zu vier Sätze absolviert. Laut Schönthaler und Ohlendorf (2002) ist eine höhere Serienanzahl nicht erforderlich. Bezüglich der Dauer bei statischen Dehnübungen merken Jordan und Schwichtenberg (2005, S. 44) an, dass eine Dehnung von 15 Sekunden bereits Effekte erzielt. Eine Dehndauer über 45 Sekunden führt hingegen zu keinen nennenswerten Auswirkungen. Anhand dieser Erkenntnisse beträgt die Dehndauer bei statischen Übungen im Dehnprogramm des Probanden ca. 30 Sekunden. Nach Freiwald (2014) empfiehlt sich eine Reizdauer beim dynamischen Dehnen von bis zu 15 Wiederholungen pro Satz. Dementsprechend wird diese Wiederholungsanzahl beim dynamischen Dehnen im Dehntraining der Testperson gewählt. Die laut Klee und Wiemann (2012, S. 117) eindeutig wichtigste Belastungskomponente ist die Dehnintensität. Der Proband ist zwar als „Neuling" bezüglich der Durchführung von isolierten und intensiven Dehnprogrammen anzusehen, er verfügt aber über eine gute körperliche Verfassung aufgrund seiner früheren und aktuellen sportlichen Aktivitäten. Es empfiehlt sich daher ein „maximales" Dehnen für die Trainingsplanung. Die kurzfristigen Effekte auf die Bewegungsreichweite sind bei dieser hohen Denintensität signifikant höher als bei der „weichen"Dehnintensität (Marschall, 1999).

3.2 Übungsauswahl Dehnprogramm

Tab. 5: Übungsauswahl Dehnprogramm (eigene Darstellung)

Übung		Zielmuskulatur	Dehnmethode	
			Dehnform	Arbeitsweise
1.	Dehnung der seitlichen Nackenmuskulatur im Stand	M. trapezius pars descendens	Aktiv	Statisch
2.	Dehnung der hinteren Schulterblattmuskulatur im Stand	M. deltoideus pars spinata M. trapezius pars transversa Mm. rhomboidei	Passiv	Statisch
3.	Dehnung der Brustmuskulatur im Stand	M. pectoralis major M. biceps brachii M. deltoideus pars clavicularis	Aktiv	Statisch

Übung		Zielmuskulatur	Dehnmethode	
			Dehnform	Arbeitsweise
4.	Dehnung der seitlichen Rumpfmuskulatur im Seitgrätschstand	M. latissimus dorsi M. obliquus externus abdominis M. obliquus internus abdominis	Passiv	Dynamisch
5.	Dehnung der Rückenstrecker im Vierfüßlerstand	M. erector spinae	Aktiv	Dynamisch
6.	Dehnung der Gesäßmuskulatur in Rückenlage	M. glutaeus maximus M. glutaeus medius M. glutaeus minimus	Passiv	Statisch
7.	Dehnung der rückseitigen Oberschenkelmuskulatur im Stand	M. biceps femoris M. semitendinosus M. semimembranosus	Postisometrisch	
8.	Dehnung der vorderseitigen Oberschenkelmuskulatur im Stand	M. quadriceps femoris	Passiv	Statisch
9.	Dehnung der medialen Oberschenkelmuskulatur in Sitzposition	M. adductor brevis M. adductor longus M. adductor magnus M. gracilis M. pectineus	Passiv	Dynamisch
10.	Dehnung der Wadenmuskulatur im Stand	M. gastrocnemius M. soleus	Passiv	Statisch

3.3 Übungsdurchführung Dehnprogramm

Bei der Übungsdurchführung eines Dehntrainings sollten neben der Funktionalität der Übungen stets auf eine ruhige und gleichmäßige Atmung geachtet werden. Grundsätzlich

8

ist es von großer Bedeutung, die Bewegungen langsam und kontrolliert auszuführen. Darüber hinaus empfiehlt es sich, ein mindestens fünfminütiges Aufwärmprogramm vor einem Beweglichkeitstraining durchzuführen (Grosser, Starischka & Zimmermann, 2008, S. 169).

3.3.1 Dehnung der seitlichen Nackenmuskulatur im Stand

Die Ausgangsposition ist der schulterbreite Stand, die Knie sind leicht gebeugt und der Oberkörper aufrecht und stabil. Die Blickrichtung ist nach vorne ausgerichtet. Der Kopf wird zur Seite geneigt und die gegenüberliegende Schulter aktiv heruntergezogen. Diese einseitige Depression des Schultergürtels erfolgt durch die Zugbewegung des vorderen Sägemuskels. Die aktiv-statische Dehnung erfolgt beidseitig für jeweils 30 Sekunden. Der Dehnvorgang wird nach einer Pause von 15 Sekunden wiederholt. Auf diese Weise werden beidseitig jeweils drei Sätze durchgeführt.

3.3.2 Dehnung der hinteren Schultermuskulatur im Stand

Der Proband positioniert sich in der Ausgangsstellung. Im Anschluss wird ein Arm mit gebeugtem Ellbogengelenk abgespreizt und auf Schulterhöhe vor dem Körper fixiert, sodass die Hand über der gegenüberliegenden Schulter aufliegt. Die Einnahme der Dehnposition wird erreicht, indem die freie Hand auf den Ellbogen drückt und sich der angewinkelte Arm zum Körper bewegt. Die passiv-statische Dehnung erfolgt beidseitig für jeweils 30 Sekunden. Der Dehnvorgang wird nach einer Pause von 15 Sekunden wiederholt. Auf diese Weise werden beidseitig jeweils drei Sätze durchgeführt.

3.3.3 Dehnung der Brustmuskulatur im Stand

Der Proband positioniert sich in der Ausgangsstellung. Die Hände werden hinter dem Körper verschränkt, die Handflächen zeigen dabei nach hinten. Die aktiv-statische Dehnung der Brustmuskulatur wird erreicht, indem die Arme bei gleichzeitig aufrechter Körperhaltung nach oben gezogen werden. Die Dehnposition wird für 30 Sekunden eingenommen und anschließend wieder verlassen. Der Dehnvorgang wird nach einer Pause von 15 Sekunden wiederholt. Auf diese Weise werden vier Sätze durchgeführt.

3.3.4 Dehnung der seitlichen Rumpfmuskulatur im Seitgrätschstand

Die Testperson positioniert sich für die Dehnung der seitlichen Rumpfmuskulatur in den leichten Seitgrätschstand. Der Oberkörper bleibt aufrecht und stabil, die Arme werden vom Körper abgespreizt und verschränkt über den Kopf geführt. Die Einnahme der Dehnposition erfolgt, indem der Oberkörper leicht zur Seite geneigt wird, das Becken bleibt dabei stabil. Der zur Beugerichtung gegenüberliegende Arm verstärkt die Dehnung durch eine Zugbewegung nach oben. Anschließend wird die Zugbewegung verringert und der Oberkörper wieder in die Mitte zurückgeführt. Die passiv-dynamische Dehnung wird beidseitig jeweils 15 mal ausgeführt. Der Dehnvorgang wird nach einer Pause von 15 Sekunden wiederholt. Auf diese Weise werden beidseitig jeweils drei Sätze durchgeführt.

3.3.5 Dehnung der Rückenstrecker im Vierfüßlerstand

Der Proband positioniert sich in den Vierfüßlerstand. Die Einnahme der Dehnposition erfolgt, indem die Bauchmuskulatur aktiv angespannt wird und die Wirbelsäule nach oben gewölbt wird. Im Wechsel wird die Bauchmuskulatur wieder gelöst und die Wirbelsäule nach unten hin gestreckt. Die aktiv-dynamische Dehnung wird 15 mal ausgeführt und nach einer Pause von 15 Sekunden wiederholt. Auf diese Weise werden vier Sätze durchgeführt.

3.3.6 Dehnung der Gesäßmuskulatur in Rückenlage

Der Proband positioniert sich für die Ausgangsstellung in Rückenlage. Ein Bein wird angewinkelt und auf den Boden aufgestellt. Das andere Bein wird in der Hüfte nach außen rotiert und so über den Unterschenkel des Stützbeins platziert, dass ein Fuß quer auf dem anderen Oberschenkel aufliegt. Die Einnahme der Dehnposition erfolgt, indem mit beiden Händen an die Oberschenkelrückseite des Stützbeins gegriffen wird und dieses zum Oberkörper gezogen wird. Nach 30 Sekunden passiv-statischem Dehnen kehrt der Proband in die Ausgangsposition zurück und wiederholt den Vorgang nach einer Pause von 15 Sekunden. Auf diese Weise werden beidseitig jeweils drei Sätze durchgeführt.

3.3.7 Dehnung der rückseitigen Oberschenkelmuskulatur im Stand

Der Proband positioniert sich in den aufrechten Stand, die Knie sind leicht gebeugt und die Füße stehen dicht beieinander. Das Gesäß wird leicht nach hinten geschoben und senkt sich ab. Anschließend wird ein Bein vor das andere gesetzt und im Kniegelenk gestreckt, das hintere Bein bleibt leicht gebeugt. Die Einnahme der Dehnposition erfolgt, indem der Rumpf nach vorne gebeugt wird und eine leichte Dehnung der ischiocruralen Muskulatur zu spüren ist. Im Anschluss kontrahiert der Proband die Muskulatur der Oberschenkelrückseite für 6 Sekunden. Augenblicklich nach der Kontraktion wird die Muskulatur für ca. 2-3 Sekunden entspannt. Mit gesteigertem Dehnreiz wird daraufhin erneut die Dehnposition eingenommen und für 10 Sekunden statisch gehalten. Dieser Wechsel von Dehnung und isometrischer Kontraktion wird 60 Sekunden lang wiederholt. Auf diese Weise werden beidseitig jeweils drei Sätze durchgeführt.

3.3.8 Dehnung der vorderseitigen Oberschenkelmuskulatur im Stand

Der Proband positioniert sich auf einem Bein. Das Spielbein wird gebeugt und mit der gleichseitigen Hand knapp über dem Sprunggelenk umfasst. Die Einnahme der Dehnposition erfolgt, indem das Becken gekippt wird und die Ferse in Richtung Gesäß gezogen wird. Das Standbein ist leicht gebeugt, beide Oberschenkel verlaufen parallel zueinander und das Knie des gedehnten Beins zeigt gerade nach unten. Becken und Hüfte werden gerade gehalten. Der freie Arm kann zum Ausbalancieren des Oberkörpers beitragen. Nach 30 Sekunden passiv-statischem Dehnen kehrt der Proband in die beidbeinige Ausgangsstellung (vgl. Übung 1) zurück. Nach einer Pause von 15 Sekunden wird der Vorgang wiederholt. Auf diese Weise werden beidseitig jeweils drei Sätze durchgeführt.

3.3.9 Dehnung der medialen Oberschenkelmuskulatur in Sitzposition

Der Proband setzt sich für die Ausgangsposition in eine Sitzposition. Die Beine werden vom Körper gestreckt, die Arme werden hinter dem Rumpf platziert und übernehmen die Stützfunkion. Die Einnahme der Dehnposition erfolgt, indem die Beine maximal abgespreizt werden und das Becken nach vorne gekippt wird. Dabei neigt sich der Oberkörper abwechselnd 15 mal nach vorne und wieder zurück. Während des Dehnvorgangs bleibt der Rücken immer gerade. Der Dehnvorgang wird beendet, indem das Becken erneut aufgerichtet wird und die abgespreizten Beine wieder geschlossen werden. Nach einer Pause von 15 Sekunden wird der Vorgang wiederholt. Auf diese Weise werden insgesamt vier Sätze durchgeführt.

3.3.10 Dehnung der Wadenmuskulatur im Stand

Der Klient begibt sich für die Ausgangsposition in den aufrechten Stand. Anschließend wird ein gestreckten Bein nach hinten gestellt und mit der kompletten Fußsohle aufgesetzt. Das vordere Bein ist gebeugt. Es erfolgt eine Neigung des Oberkörper nach vorne, der Oberschenkel des hinteren Beins und der Oberkörper sind geradlinig. Gleichzeitig ragen die Zehen beider Füße parallel nach vorne. Die Einnahme der Dehnposition erfolgt, indem der Körperschwerpunkt durch eine Beugung des vorderen Beins nach vorne verlagert wird. Dadurch vergrößert sich die Streckung im hinteren Bein. Der Dehnvorgang wird beendet, indem die Streckung des vorderen Beins erfolgt und sich der Körperschwerpunkt nach oben verlagert. Folglich wird die Streckung im hinteren Bein verkleinert. Letztendlich werden die Beine nebeneinander gestellt. Nach einer Pause von 15 Sekunden wird der Vorgang wiederholt. Auf diese Weise werden beidseitig jeweils drei Sätze durchgeführt.

3.4 Begründung Dehnprogramm

In Anlehnung an die Zielsetzung und die Ergebnisse der Beweglichkeitstestung wurde ein Dehnprogramm konzipiert, das alle wichtigen Muskeln sowie deren Gegenspieler beinhaltet. Die systematisch gewählte Reihenfolge der Übungen orientiert sich am Prinzip von Klee und Wiemann (2012, S. 84). Demnach arbeitet man sich „von oben nach unten", das heißt man beginnt an der Halswirbelsäule und endet an den Füßen mit dem Dehnungstraining. Die Verbesserung und der Erhalt der Beweglichkeit werden mit Übungen der Schulter-, Hüft- und Wirbelsäulenmuskulatur trainiert (Klee & Wiemann, 2012, S. 84). Das Programm besteht aus aktiven und passiven Übungen, die sowohl statisch als auch dynamisch ausgeführt werden. Aktive Dehnungsübungen zeichnen sich dadurch aus, dass die für den Dehnprozess des Zielmuskels notwendige Dehnungsspannung allein durch der Kontraktion des Antagonisten des Zielmuskels erzeugt wird. Aufgrund seiner starken Entdehnung kann der Antagonist nur geringe Kontraktionskräfte zur Dehnung des Zielmuskels freisetzen (Klee & Wiemann, 2012, S. 70). Passive Dehnübungen liegen hingegen dann vor, wenn die Dehnungsspannung überwiegend nicht aus der Kontraktion des Antagonisten resultiert. Im Gegensatz zur aktiven Dehnung ist der Muskel bei der passiven Dehnmethode meist ausreichend dehnbar und macht es vor allem Einsteigern leichter, die Zielmuskulatur effektiv zu trainieren. Die Dehnprozesse wurden bei den ersten drei Übungen statisch ausgeführt. Zu begründen ist dies mit der minimalen Verletzungsgefahr durch das langsame, kontrollierte Einnehmen der Bewegung und dem geringen Energieaufwand (Grosser, Starischka & Zimmermann, 2008, S. 171). Im weiteren Trainingsverlauf wird auch die dynamische Arbeitsweise angewendet. Bei dieser Dehnmethode wird mit schwingenden, wippenden und federnden Bewegungen eine nahezu maximale Dehnposition eingenommen, die eine größere Dehnungsspannung in der Zielmuskulatur zulässt. Ein weiterer Vorteile ist die Schulung der inter- und intramuskulären Koordination (Grosser, Starischka & Zimmermann, 2008, S. 170). Laut Klee und Wiemann (2012, S.

72) ist die postisometrische Dehnmethode im Hinblick auf eine Vergrößerung der Bewegungsreichweite am effektivsten. Diese Methode wird daher bei der ischiocruralen Muskulatur eingesetzt, wo der Proband Beweglichkeitsdefizite aufweist. Die Anwendung dieser Methode ist kompliziert und erfordert entsprechende Erfahrungen sowie ein gut ausgebildetes Körpergefühl (Grosser, Starischka & Zimmermann, 2008, S. 174). Aufgrund seiner guten körperlichen Verfassung und sportlichen Aktivitäten ist dem Proband dies zuzutrauen. Laut Grosser, Starischka und Zimmermann (2008, S. 175) eignen sich alle Dehnmethoden zum Erhalt und zur Verbesserung der Beweglichkeit. Die Optimierung der Entspannungsfähigkeit der Muskulatur ist als „Dehn-Entspannungsfähigkeit" zu verstehen. Das gesteigerte Wohlbefinden und das Empfinden des Entspanntseins ist eine Folge der gesteigerten Dehnbelastungsfähigkeit (Klee & Wiemann, 2012, S. 62).

4 Trainingsplanung Koordinationstraining

In Anlehnung an die Zielsetzung des Probanden erfolgt eine Trainingsplanung für das Koordinationstraining. Das Training basiert auf dem Prinzip der propriozeptiven Trainingsmethode. Das Training führt zu einer Optimierung des Zusammenspiels der verschiedenen Muskelgruppen und einer Ökonomisierung der Bewegungsabläufe (Gertenbach, 2010, S.2). Das Trainingsprogramm besteht aus zehn Übungen und orientiert sich am Leistungsstand der Testperson.

4.1 Belastungsgefüge

Tab. 6: Belastungsgefüge Koordinationstraining (eigene Darstellung)

Trainingshäufigkeit pro Woche		2
Sätze pro Übung		2-3
Satzpausen		45-60 Sekunden
Belastungsdauer	Statische Übungen	15-30 Sekunden Haltedauer
	Dynamische Bewegungsabläufe	10-15 Wiederholungen

Die Trainingshäufigkeit richtet sich nach dem zeitlichen Verfügungsrahmen der Testperson und wurde dementsprechend mit zwei Trainingseinheiten pro Woche festgesetzt. Das Trainingsprogramm besteht aus zehn Übungen, es werden jeweils zwei bis drei Sätze pro Übung absolviert. Die Satzanzahl richtet sich nach der Dauer der jeweiligen Übung und an die Gesamttrainingsdauer, die laut Häfelinger und Schuba (2007, S. 61) 45 Minuten nicht überschreiten sollte. Die Satzpausen betragen 45 Sekunden bis 60 Sekunden. Eine Pause von unter 45 Sekunden ist wenig sinnvoll, da die Konzentrationsfähigkeit ansonsten droht abzunehmen und diese von großer Bedeutung für die korrekte Ausführung der Übungen ist (Häfelinger & Schuba, 2007, S.61). Die Haltedauer bei statischen Übungen beträgt 15-30 Sekunden, bei dynamischen Bewegungsabläufen 10-15 Wiederholungen. Laut Chwilkowski (2006, S.61) sollte die Belastungsdauer bei statischen Übungen zwischen 5-60 Sekunden und bei dynamischen Übungen zwischen 5-30 Wiederholungen liegen.

4.2 Trainingsprogramm Koordinationstraining

Tab. 7: Übungsauswahl und Durchführung eines Koordinationstrainings (eigene Darstellung)

Übungen auf stabilem Untergrund im Stand	
1	Einbeinstand barfuß auf dem Boden: Der Proband positioniert sich für die Ausgangsstellung in eine aufrechte und stabile Körperstellung. Die Kniegelenke sind leicht gebeugt, die Füße stehen hüftbreit auseinander und die Fußspitzen zeigen leicht nach außen. Das Becken wird in Mittelstellung fixiert, indem die Bauch-, Rücken- und Beckenmuskulatur angespannt werden. Der Oberkörper wird mit aufgerichteter Brustwirbelsäule leicht nach vorne geneigt, die Halswirbelsäule bildet die Verlängerung der Brustwirbelsäule. Anschließend werden die Schultern leicht nach unten/hinten geschoben. Die Testperson sollte ruhig und gleichmäßig atmen. Anschließend stellt sich der Klient barfuß auf ein Bein für 30 Sekunden auf den Boden. Danach erfolgt die Entspannung und Rückkehr in die Ausgangsposition. Die Pausendauer beträgt 45 Sekunden. Anschließend wechselt er das Bein. Die Durchführung der Übung erfolgt beidseitig dreimal.
2	Einbeinstand barfuß auf dem Boden mit ausgestreckten Armen über dem Kopf Der Proband nimmt die Ausgangsstellung (vgl. Übung 1) ein und stellt sich barfuß in den Einbeinstand auf den Boden. Anschließend streckt er die Arme vertikal über den Kopf und hält die Position 30 Sekunden. Danach erfolgt die Entspannung und Rückkehr in die Ausgangsposition. Die Pausendauer beträgt 60 Sekunden. Anschließend wechselt er das Bein. Die Durchführung der Übung erfolgt beidseitig dreimal.
3	Einbeinstand barfuß auf dem Boden mit Ball halten und Seitenwechsel über dem Kopf: Der Proband nimmt die Ausgangsstellung (vgl. Übung 1) und stellt sich barfuß in den Einbeinstand auf den Boden. Anschließend nimmt er einen Ball in die eine Hand und versucht diesen 5 Sekunden zu halten, ihn dann über den Kopf auf die andere Seite zu wechseln und ihn in der anderen Hand wieder 5 Sekunden zu halten. Der Ballwechsel wird 15 mal vollzogen. Anschließend erfolgt die Entspannung und Rückkehr in die Ausgangsposition. Die Pausendauer beträgt 60 Sekunden. Anschließend wechselt er das Bein. Die Durchführung der Übung erfolgt beidseitig dreimal.

4	Einbeinstand barfuß auf dem Boden bei geschlossenen Augen: Der Klient nimmt die Ausgangsstellung ein (vgl. Übung 1) und stellt sich barfuß einbeinig auf den Boden. Anschließend schließt er die Augen und versucht 15 Sekunden Balance zu halten. Danach erfolgt die Entspannung und Rückkehr in die Ausgangsposition. Die Pausendauer beträgt 60 Sekunden. Anschließend. Die Durchführung der Übung erfolgt beidseitig zweimal.
5	Einbeinstand barfuß auf dem Boden mit ausgestreckten Armen über dem Kopf bei geschlossenen Augen: Der Proband nimmt die Ausgangsstellung ein (vgl. Übung 1) und stellt sich barfuß einbeinig auf den Boden. Er schließt die Augen, streckt die Arme vertikal über den Kopf und versucht 15 Sekunden die Balance zu halten. Anschließend erfolgt die Entspannung und Rückkehr in die Ausgangsposition. Die Pausendauer beträgt 60 Sekunden. Anschließend wechselt er das Bein. Die Durchführung der Übung erfolgt beidseitig zweimal.

Übungen auf instabilem Untergrund im Stand

6	Einbeinstand barfuß auf einer Matte: Der Proband nimmt die Ausgangsstellung (vgl. Übung 1) auf einer Matte ein und stellt sich barfuß auf ein Bein. Anschließend versucht er 30 Sekunden das Gleichgewicht zu halten. Danach erfolgt die Entspannung und Rückkehr in die Ausgangsposition. Die Pausendauer beträgt 60 Sekunden. Anschließend wechselt er das Bein. Die Durchführung der Übung erfolgt beidseitig zweimal.

Übungen auf instabilem Untergrund im Stand

7	Einbeinstand barfuß auf einer Matte mit Ball halten und Seitenwechsel über dem Kopf: Der Proband nimmt die Ausgangsstellung (vgl. Übung 1) auf einer Matte ein und stellt sich barfuß auf ein Bein. Anschließend nimmt er einen Ball in die eine Hand und versucht diesen 5 Sekunden zu halten, dann über den Kopf auf die andere Seite zu reichen und ihn in der anderen Hand wieder 5 Sekunden zu halten. Der Seitenwechsel wird 10 mal vollzogen. Anschließend erfolgt die Entspannung und Rückkehr in die Ausgangsposition. Die Pausendauer beträgt 60 Sekunden. Anschließend wechselt er das Bein. Die Durchführung der Übung erfolgt beidseitig zweimal.
8	Einbeinstand barfuß auf einer Matte mit Ballrollen um den Rumpf: Der Proband nimmt die Ausgangsstellung (vgl. Übung 1) auf einer Matte ein und stellt sich barfuß auf ein Bein. Anschließend nimmt er einen Ball in die Hand und reicht sich diesen 10 mal um den Rumpf herum. Danach erfolgt die Entspannung und Rückkehr in die Ausgangsposition. Die Pausendauer beträgt 60 Sekunden. Anschließend wechselt er das Bein und baut einen Richtungswechsel mit ein. Die Durchführung der Übung erfolgt beidseitig zweimal.
9	Einbeinstand barfuß auf einer Matte mit Impulsgebung durch einen Partner: Der Proband nimmt die Ausgangsstellung (vgl. Übung 1) auf einer Matte ein,stellt sich barfuß auf ein Bein und versucht 15 Sekunden Balance zu halten. Währenddessen versucht ein Trainingspartner mit langsamen und leichte Druckbewegungen an verschiedenen Körperstellen das Gleichgewicht des Probanden zu stören. Danach erfolgt die Entspannung und Rückkehr in die Ausgangsposition. Die Pausendauer beträgt 60 Sekunden. Im Anschluss wechselt er das Bein. Die Durchführung der Übung erfolgt beidseitig zweimal.
10	Einbeinstand barfuß auf einer Matte mit Gleichgewichtsstabilisierung gegen unterschiedliche Zugbewegungen des Partners mit Thera-Bändern: Der Proband nimmt die Ausgangsstellung (vgl. Übung 1) auf einer Matte ein und stellt sich barfuß auf ein Bein. Am Rumpf der Testperson wird ein Thera-Band befestigt, damit versucht der Trainingspartner mit unterschiedlichen Zugrichtungen und Zugbewegungen die Balance des Probanden zu stören. Die Testperson versucht 15 Sekunden die Balance zu halten.Danach erfolgt die Entspannung und Rückkehr in die Ausgangsposition. Die Pausendauer beträgt 60 Sekunden. Anschließend wechselt er das Bein. Die Durchführung der Übung erfolgt beidseitig zweimal.

4.3   Begründung Trainingsplanung

Das konzipierte Gleichgewichtstraining basiert auf dem Prinzip der propriozeptiven Trainingsmethode. Propriozeptoren sind kleine Sensoren in Muskeln, Sehnen und Gelenken des menschlichen Körpers. Sie vermitteln uns Informationen über Bewegungen, Haltung und die Position unseres Körpers im Raum. (Oltmanns, 2007). Der Fuß besitzt viele dieser Rezeptoren der Tiefensensibilität, daher erfolgt die Trainingsdurchführung barfuß im Einbeinstand. Das Schulung der Tiefensensibilität ist laut Gertenbach (2010, S. 2) von großer Bedeutung für eine Optimierung der Haltungs- und Bewegungskoordination. Dabei erfolgt die Progression der Belastung über folgende Maßnahmen: Von leichten zu schwierigen Bewegungen: Vom statischen Einbeinstand barfuß auf dem Boden (Haltedauer 30 Sekunden) zum Einbeinstand barfuß auf dem Boden mit Ball halten und Seitenwechsel über dem Kopf. Von einfachen zu komplexen Anforderungen: Einbeinstand barfuß auf dem Boden mit ausgestreckten Armen über dem Kopf zum Einbeinstand barfuß auf einer Matte mit Ballrollen um den Rumpf. Von statischen zu dynamischen Anforderungen: statischer Einbeinstand barfuß auf einer Matte zum Einbeinstand barfuß auf einer Matte mit Ball halten und Seitenwechsel über den Kopf. Von stabiler zu instabiler Unterstützungsfläche: Einbeinstand barfuß auf dem Boden zum Einbeinstand barfuß auf einer Matte. Von Übungen mit offenen Augen zu Übungen mit geschlossenen Augen: Einbeinstand barfuß auf dem Boden mit offenen Augen zum Einbeinstand barfuß auf dem Boden mit geschlossenen Augen. Manuelle Widerstände, z.B. Einbeinstand barfuß auf einer Matte mit Impulsgebung durch einen Partner (Chwilkowski, 2006, S.56-58).

Generell gilt bei einem propriozeptiven Training, dass der Trainierende immer ausgeruht sein sollte und die Übungen individuell an den Leistungszustand des Probanden angepasst werden. Der Trainer sollte dabei jeweils die Idealform demonstrieren und anschließend auf eine korrekte, achsengerechte Körperhaltung achten. Wichtig ist zudem, die Belastung zu Beginn über das subjektive Befinden des Trainierenden zu steuern. Die Qualität der Bewegungsausführung sollte immer gewährleistet sein. Falls die korrekte Übungsausführung nicht länger gewährleistet ist oder Schmerzen auftreten, ist das Training zu beenden. Darüber hinaus empfiehlt sich ein Training ohne visuelle Kontrolle (Chwilkowski, 2006, S.60 ff; Häfelinger et al., 2007, S. 61).

16

5   Literaturrecherche

Tab. 8: Effekten des Dehnens im Hinblick auf eine Verbesserung der sportlichen Leistungsfähigkeit (modifiziert nach Begert & Hillebrecht, 2003; Hillebrecht, Robin & Böckmann, 2007).

Wer hat die Studie durchgeführt?	Begert, B. und Hillebrecht, M.	Hillebrecht, M., Robin, O. und Böckmann, S.
In welchem Jahr wurde die Studie publiziert?	2003	2007
Mit welchen Versuchspersonen wurde die Studie durchgeführt?	35 Sportstudenten, davon 19 männliche und 16 weibliche Probanden. Das Durchschnittsalter der Testpersonen betrug 25 Jahre (± 5 Jahre).	8 Sprinterinnen. Das Durchschnittsalter der weiblichen Probanden betrug 15,5 Jahre (± 0,76 Jahre).
Wie sah der Versuchsaufbau der Studie aus?	Die Probanden wurden anhand von Vortestergebnissen in die Versuchsgruppen Statische Dehnung, Dynamische Dehnung sowie eine Kontrollgruppe aufgeteilt. Es wurden statische und dynamisch Dehnungen bezüglich ihrer Auswirkungen auf die reaktiv Leistungsfähigkeit beim Tiefsprung verglichen. Das Dehnprogramm bestand aus 6 verschiedene Übungen für die Beimuskulatur. Die Dauer der statischen Übungen betrug 15 Sekunden je Bein, die dynamischen Übungen wurden mit 12 zügigen, maximalen Bewegungen ausgeführt. Die Messungen der reaktiven Leistungsfähigkeit erfolgte direkt vor, direkt im Anschluss und 30 Minuten nach Beendigung der Dehnung.	Die Auswirkungen eines statischen Dehnprogramms auf den Sprintstart und die Laufgeschwindigkeit eines 50 Meter Sprints wurden untersucht. Mittels eines Messstartblocks wurden die Kraft-Zeitverläufe und die Sprintzeiten in 10 Meter Abschnitten erhoben. Das statische Dehnprogramm bestand aus 6 Übungen für die beinstreckende, beinbeugende, hüftstreckende und hüftbeugende Muskulatur. Die Übungen wurden jeweils 15 Sekunden in einer statischen Position gehalten.
Welche relevanten Ergebnisse und Schlussfolgerungen lieferte die Studie?	Kurzzeitiges, statisches Dehnen verursacht eine zeitlich überdauernde Verringerung der reaktiven Leistungsfähigkeit. Hingegen führt das dynamisch Dehnen zu keiner signifikanten Beeinflussungen der reaktiven Leistungsfähigkeit. Somit wirkt sich das statische Dehnen im Vergleich zur Wirkung des dynamischen Dehnens tendenziell negativer auf die reaktive Leistungsfähigkeit aus.	Im Anschluss an das statischen Dehnprogramm war im folgenden Sprint bezüglich des Höchstgeschwindigkeitsabschnitts eine Leistungsreduktion erkennbar. Im Mittel verloren die Sprinterinnen auf 50 Meter 0,15 Sekunden. Statisches Dehnen verursacht somit kurzfristig signifikante Leistungsverluste. Daher ist im Vorfeld von Sprintleistungen ein statisches Dehnprogramm nicht zu empfehlen.

6   Literaturverzeichnis

Begert, B. & Hillebrecht, M. (2003). Einfluss unterschiedlicher Dehntechniken auf die reaktive Leistungsfähigkeit. *Spectrum der Sportwissenschaften, 15* (1), 6-25.

Chwilkowski, C. (2006). *Medizinisches Koordinationstraining – Verbesserung der Haltungs- und Bewegungskoordination durch Propriozeption* (2. Aufl.). Köln: Deutscher Trainer Verlag.

Freiwald, J. (2004). *Dehnen – Legenden, Fakten.* Vortrag, Waldenburg.

Gertenbach, M. (2010). *Neuromuskuläre Effekte eines sensomotorischen Krafttrainings.* Magisterarbeit, Christian-Albrechts-Universität zu Kiel. Kiel.

Glück, S. (2005). *Beeinflussung der Beweglichkeit durch unterschiedliche physische und psychische Einwirkungen.* Dissertation, Universität des Saarlandes. Saarbrücken.

Grosser, M., Starischka, S. & Zimmermann, E. (2008). *Das neue Konditionstraining. Sportwissenschaftliche Grundlagen, Leistungssteuerung und Trainingsmethoden, Übungen und Trainingsprogramme* (10., neu bearbeitete Aufl.). München: BLV.

Hillebrecht, M., Robin, O. & Böckmann, S. (2007). Reduzieren sich Sprintleistungen nach statischem Dehnen? *Leistungssport, 37* (6), 12-16.

Häfelinger, U. & Schuba, V. (2007). *Koordinationstherapiepropriozeptives Training* (3., überarbeitete Aufl.). Aachen: Meyer & Meyer.

Janda, V. (2000). *Manuelle Muskelfunktionsdiagnostik* (12. Ausg.). München: Urban & Fischer.

Jordan, A. & Schwichtenberg, M. (2005). *Kräftigen und Dehnen* (3. Aufl.). Aachen: Meyer & Meyer.

Klee, A., Wiemann, K. (2012). *Dehnen - Training der Beweglichkeit* (2., überarbeitete Aufl.). Schorndorf: Hofmann.

Kokkonen, J. & Nelson, A. G. (1996). Acute stretching exercises inhibit maximal strength performance. *Medicine and science in sports and exercise, 28* (5), 190.

Marschall, F. (1999). Wie beeinflussen unterschiedliche Dehnintensitäten kurzfristig die Veränderung der Bewegungsreichweite? *Deutsche Zeitschrift für Sportmedizin,*

50 (1), 5-9.

Oltmanns, K. (2007). *Alle Kräfte ins Gleichgewicht! Sensomotorisches Training für Leistungsentwicklung und Prävention.* Münster: Philippka Verlag.

Rancour, J., Holmes, C. F. & Cipriani, D.J. (2009). The effects of intermittent stretching following a 4-week static stretching protocol: a randomized trial. *Journal of strength and conditioning research / National Strength & Conditioning Association, 23* (8), 2217-2222.

Schönthaler, S. R. & Ohlendorf, K. (2002). *Biomechanische und neurophysiologische Veränderungen nach ein- und mehrfach seriellem passiv-statischem Beweglichkeitstraining* (Wissenschaftliche Berichte und Materialien / Bundesinstitut für Sportwissenschaft, 1. Aufl.). Köln: Sport und Buch Strauß.

Wiemeyer, J. (2007). Zur zeitlichen Stabilität der negativen Effekte statischen Dehnens auf Schnellkraftleistungen. In J. Freiwald, T. Jöllenbeck & N. Olivier (Hrsg.), *Prävention und Rehabilitation. 7. Gemeinsames Symposium der dvs-Sektionen Biomechanik, Sportmotorik und Trainingswissenschaft* (S. 319-326). Köln: Strauß.

7 Tabellenverzeichnis

19